# ricomincio da me

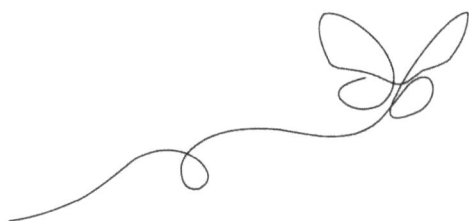

*supera il dolore e ritrova la tua forza
interiore dopo un amore finito*

LINDA MILLER

novus
liber

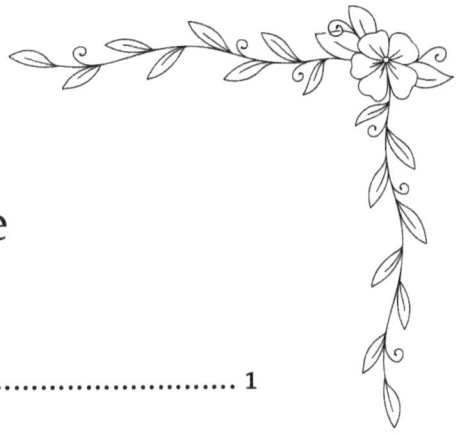

# Indice

introduzione ............................................... 1

I. ascolto il mio cuore ................................. 3

II. curo me stessa ...................................... 25

III. mi riscopro ........................................... 47

IV. io sogno ............................................... 69

V. il mio nuovo inizio ................................. 91

conclusione ............................................... 115

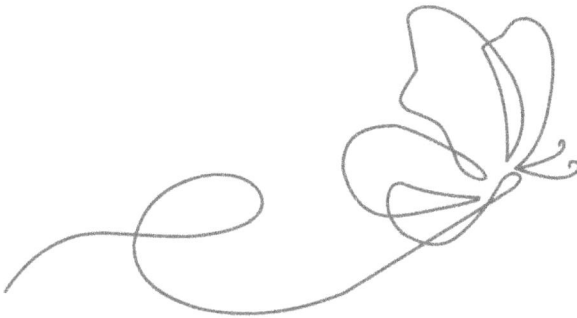

Benvenuta! Se ti trovi qui, stai molto probabilmente attraversando una delusione d'amore, cerchi conforto, comprensione, e soprattutto, un modo per andare avanti.

Questo libro è pensato come un percorso, suddiviso in cinque fasi, che ti guiderà nella trasformazione del tuo dolore in crescita personale. Insieme, esploreremo l'arte dell'accettazione e del riconoscimento dei tuoi sentimenti, ti accompagnerò nell'esplorazione del tuo dolore, nella riscoperta di chi sei veramente, e nella ricostruzione di una vita piena di speranza e felicità.

La guarigione richiede tempo, pazienza, e amore per sé stessi, e questo libro vuole offrirti proprio questo: uno spazio sicuro dove poter riflettere, crescere, e ricominciare. Ogni fase del libro è arricchita da attività pratiche, riflessioni guidate, e spazi personali dove potrai esprimere liberamente te stessa.

Questo libro è una promessa che fai a te stessa, un viaggio verso la rinascita dove ogni pagina ti avvicina sempre di più alla persona che desideri essere. Sei pronta a iniziare?

# I

## ascolto il mio cuore

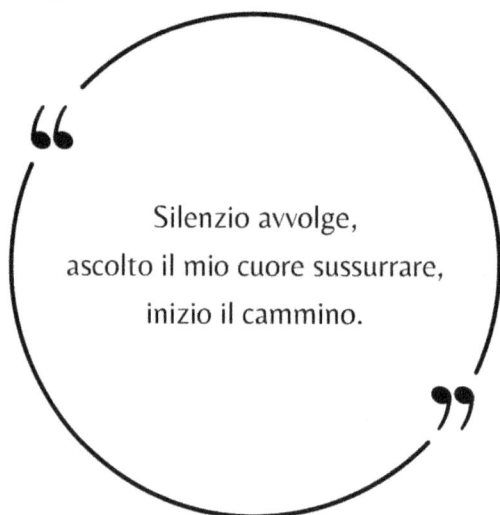

"
Silenzio avvolge,
ascolto il mio cuore sussurrare,
inizio il cammino.
"

In questo momento, le parole possono essere specchi del tuo cuore. Qui sotto trovi una lista di aggettivi che descrivono diverse sfumature emotive. Cerchia quelli che risuonano di più con come ti senti ora.

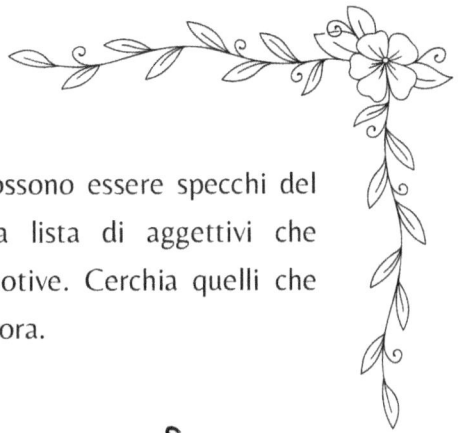

Abbandonata

Triste

Curiosa

Sperduta

Energica

Indecisa

Frustrata

Debole

Pessimista

Aperta

Forte

Sola

Coraggiosa

Vulnerabile

Impaurita

Ottimista

Grata

Amata

Gelosa

Rassegnata

Arrabbiata

Incompresa

Confusa

Ferita

Libera

Scoraggiata

Delusa

Nostalgica

Ansiosa

Stanca

Creativa

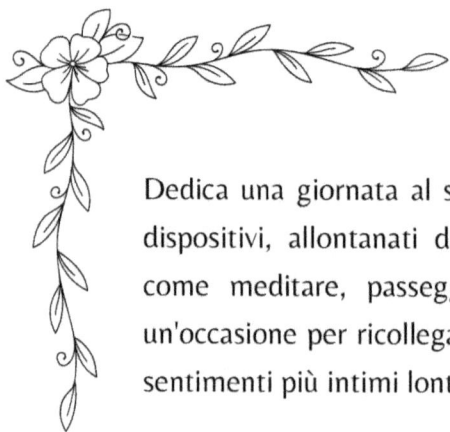

Dedica una giornata al silenzio e alla riflessione. Spegni i dispositivi, allontanati dai media, e immergiti in attività come meditare, passeggiare nella natura o scrivere. È un'occasione per ricollegarti con te stessa, ascoltando i tuoi sentimenti più intimi lontano dalle distrazioni quotidiane.

Alla sera, prenditi un momento per riflettere su questa esperienza. Usa lo spazio qui sotto per descrivere le tue sensazioni, pensieri, e qualsiasi intuizione che hai avuto.

........................................................................................................

........................................................................................................

........................................................................................................

........................................................................................................

........................................................................................................

........................................................................................................

........................................................................................................

........................................................................................................

........................................................................................................

........................................................................................................

"Non c'è forza più grande della capacità di stare con i propri sentimenti. Anche quelli più dolorosi nascondono le chiavi per la nostra guarigione e crescita. Ogni stato d'animo, da quelli che ti sfidano a quelli che ti elevano, fa parte integrante del percorso della tua esistenza. Accogliendoli, ti concedi il dono della trasformazione personale, aprendo la porta a una comprensione più profonda di chi sei e di ciò che puoi diventare."

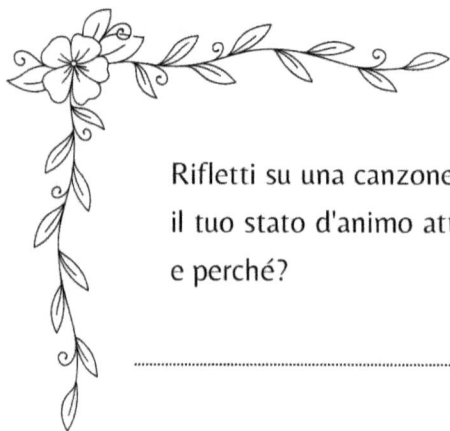

Rifletti su una canzone che risuona profondamente con il tuo stato d'animo attuale. Quale canzone sceglieresti e perché?

........................................................................................................

........................................................................................................

........................................................................................................

........................................................................................................

........................................................................................................

........................................................................................................

Quali parole di questa canzone ti sembrano più vicine al tuo cuore in questo momento?

........................................................................................................

........................................................................................................

........................................................................................................

........................................................................................................

........................................................................................................

........................................................................................................

A un cuore in pezzi
nessuno s'avvicini
senza l'alto privilegio
di aver sofferto altrettanto.

("A un cuore in pezzi" - Emily Dickinson)

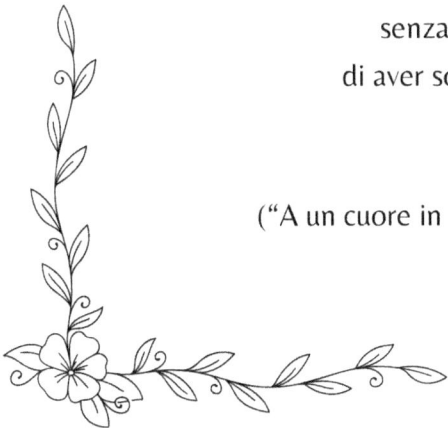

Ascolta il tuo cuore e la tua anima,
perché vedono oltre ciò
che gli occhi possono percepire;
non lasciarti sopraffare
dal rumore del mondo,
trova la tua voce interiore.

"Nel silenzio, il cuore parla più forte. In un mondo costantemente affollato di rumori e distrazioni, concedersi momenti di quiete diventa non solo un atto di cura, ma una necessità vitale. È nel silenzio che puoi finalmente ascoltare i sussurri più intimi del tuo essere, quei pensieri e sentimenti che, nella frenesia quotidiana, vengono spesso soffocati o ignorati. Trovare spazio per il silenzio significa aprirti a un dialogo profondo con te stessa, scoprendo risposte a domande che non sapevi di avere."

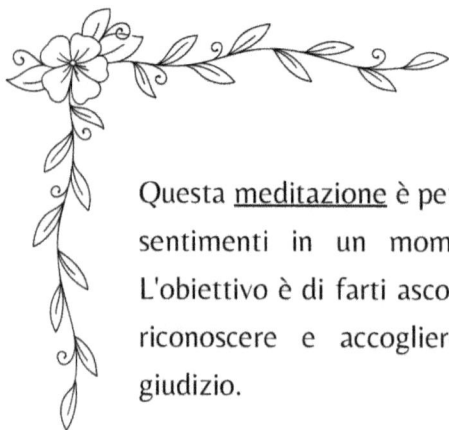

Questa <u>meditazione</u> è pensata per aiutarti ad esplorare i tuoi sentimenti in un momento di tranquillità e sicurezza. L'obiettivo è di farti ascoltare il tuo cuore, permettendoti di riconoscere e accogliere tutte le tue emozioni senza giudizio.

1. Inizia trovando un luogo tranquillo dove puoi sederti o sdraiarti comodamente senza essere disturbata.

2. Chiudi gli occhi e prenditi un momento per notare il tuo respiro. Segui il ritmo naturale dell'inspirazione e dell'espirazione.

3. Immagina che ogni tuo respiro ti porti più in profondità dentro di te, verso il tuo cuore emotivo.

4. Visualizza il tuo cuore come uno spazio sicuro dove ogni emozione è benvenuta. Vedi te stessa seduta in questo spazio, pronta ad accogliere ogni sentimento che arriva.

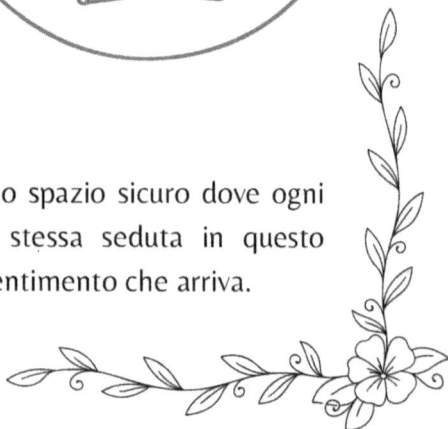

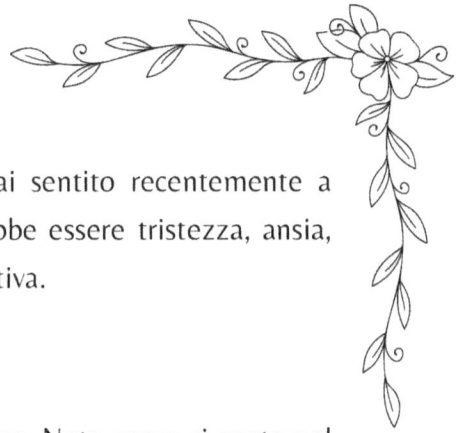

5. Ora, invita un'emozione che hai sentito recentemente a unirsi a te in questo spazio. Potrebbe essere tristezza, ansia, rabbia o un'altra emozione significativa.

6. Senza giudizio, osserva l'emozione. Nota come si sente nel corpo, quali pensieri porta con sé, ma ricorda che sei solo un'osservatrice.

7. Poi, con gentilezza, chiedi all'emozione cosa vuole dirti. Ascolta qualsiasi messaggio o intuizione che possa emergere.

8. Quando sei pronta, ringrazia l'emozione per essere venuta e visualizzala che si dissolve con il tuo respiro, lasciandoti più leggera e centrata.

9. Gradualmente, riporta la tua attenzione alla stanza intorno a te e apri gli occhi quando ti senti pronta.

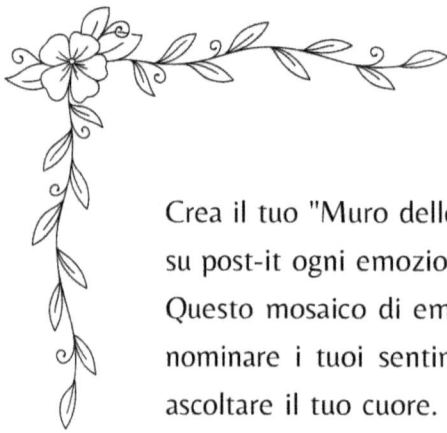

Crea il tuo "Muro delle Emozioni" in casa, appuntando su post-it ogni emozione che senti durante la giornata. Questo mosaico di emozioni ti aiuterà a riconoscere e nominare i tuoi sentimenti, un passaggio cruciale per ascoltare il tuo cuore. Dopo, prenditi un momento per riflettere sull'esperienza, annotando sensazioni, pensieri e intuizioni qui sotto.

.................................................................................................................

.................................................................................................................

.................................................................................................................

.................................................................................................................

.................................................................................................................

.................................................................................................................

.................................................................................................................

.................................................................................................................

.................................................................................................................

.................................................................................................................

.................................................................................................................

Non permettere
a chi non merita
il tuo amore
di farti dimenticare
quanto vali.

"Le tue imperfezioni ti rendono unica. Non nasconderle. Fin da piccole, ci viene insegnato a lottare contro ogni nostra imperfezione come se fosse un nemico da sconfiggere. Ma è proprio nell'abbracciare queste imperfezioni, accettando la tua vulnerabilità come una parte intrinseca di chi sei, che troverai la tua vera forza. Riconoscere e amare le proprie imperfezioni è il primo passo verso una vita vissuta con autenticità e coraggio."

Colora questi cuori intricati dove ogni pezzo riflette la complessità dei tuoi sentimenti. Mentre colori ciascun pezzo, pensa ai diversi stati emotivi che hai sperimentato. Avrai l'opportunità di riunire i frammenti delle tue emozioni e capirti meglio.

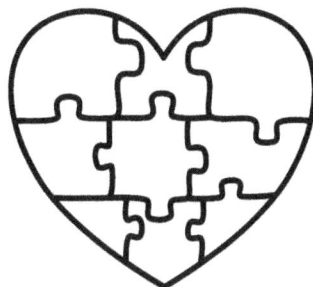

A volte,
sono proprio le persone
che ti deludono
a insegnarti le lezioni più importanti;
dopo aver detto loro addio,
scopri la tua forza
e il tuo vero valore.

"Accettare il dolore può aprirti porte che non sapevi nemmeno esistessero. È un viaggio difficile, lo so, ma è anche ricco di insegnamenti preziosi. Quando affronti il dolore invece di evitarlo, inizi a vedere oltre i momenti difficili. Scopri risorse interne di resilienza, forza e speranza che ti erano nascoste. Da oggi comincia a osservare diversamente il dolore. Una volta accolto, può diventare un potente alleato nel tuo cammino di crescita personale."

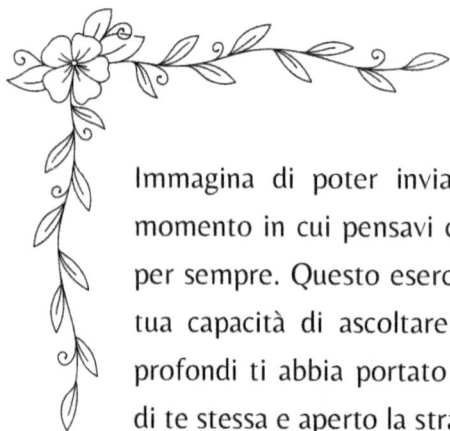

Immagina di poter inviare un messaggio a te stessa nel momento in cui pensavi che quella relazione sarebbe durata per sempre. Questo esercizio ti invita a riflettere su come la tua capacità di ascoltare e accettare i tuoi sentimenti più profondi ti abbia portato verso una maggiore comprensione di te stessa e aperto la strada alla guarigione.

Scrivi una lettera a te stessa nel momento in cui pensavi che questa relazione fosse quella giusta.

......................................................................................................................

......................................................................................................................

......................................................................................................................

......................................................................................................................

......................................................................................................................

......................................................................................................................

......................................................................................................................

......................................................................................................................

......................................................................................................................

......................................................................................................................

Guardando indietro, c'è qualcosa che apprezzi di più ora della tua esperienza, anche se è finita?

........................................................................................

........................................................................................

........................................................................................

........................................................................................

........................................................................................

........................................................................................

Pensando al passato, quale scelta non rifaresti per proteggere il tuo cuore?

........................................................................................

........................................................................................

........................................................................................

........................................................................................

........................................................................................

........................................................................................

........................................................................................

Puoi allontanarti
da tutto ciò che
non ti sembra giusto.
Fidati del tuo istinto
e ascolta la tua voce interiore:
sono lì per guidarti e proteggerti.

"Prima ci sei tu, smetti di cercare l'approvazione altrui. Troppo spesso ci perdiamo nel cercare di piacere agli altri, dimenticando di ascoltare ciò che realmente vogliamo. Sii fedele a te stessa, esprimi liberamente i tuoi pensieri e desideri, senza farti limitare dalle aspettative altrui o dalla paura del giudizio. È un processo liberatorio, che ti farà scoprire e celebrare la tua vera essenza, vivendo una vita piena, ricca e profondamente soddisfacente."

Alla fine di questa prima fase, ti invito a fermarti a riflettere su come ti senti ora. Qui sotto trovi una serie di emozioni che potresti aver provato in questo periodo. Accanto ad ognuna, ci sono dieci spazi da 1 a 10. Usa dei colori per riempire il numero di spazi che rappresenta quanto intensamente hai provato ogni emozione.

Tristezza:

Ansia:

Rabbia:

Confusione:

Speranza:

Entusiasmo:

Felicità:

# II

# curo me stessa

"

Decido io
la mia felicità:
l'amore per me stessa
è la mia nuova priorità.

"

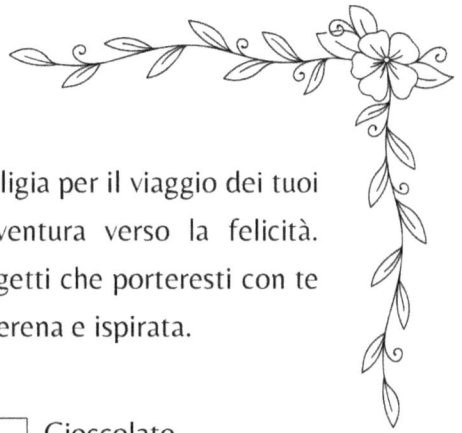

Prepara la valigia per il viaggio dei tuoi sogni: un'avventura verso la felicità. Scegli gli oggetti che porteresti con te per sentirti serena e ispirata.

- [ ] Cioccolato
- [ ] Zainetto per trekking
- [ ] Racchetta da tennis
- [ ] Occhiali da sole
- [ ] Rossetto
- [ ] Candela profumata
- [ ] Foulard colorato
- [ ] Kit per il disegno
- [ ] Sneakers stilose
- [ ] Sciarpa leggera
- [ ] Romanzo giallo
- [ ] Incenso
- [ ] Il mio tè preferito
- [ ] Tacchi alti
- [ ] Scarpe running

- [ ] Diario per journaling
- [ ] Matite colorate
- [ ] Tazza per tisane
- [ ] Libro di poesie
- [ ] Cuffiette
- [ ] Tappetino yoga
- [ ] Scarpe da corsa
- [ ] Crema idratante
- [ ] Profumo
- [ ] Maschera viso
- [ ] Borraccia
- [ ] Costume da bagno
- [ ] Fotocamera
- [ ] Olio essenziale

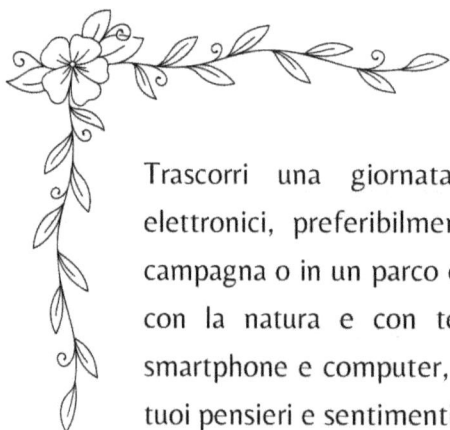

Trascorri una giornata interamente senza dispositivi elettronici, preferibilmente in un ambiente naturale. In campagna o in un parco cittadino, l'obiettivo è riconnettersi con la natura e con te stessa. Senza le distrazioni di smartphone e computer, potrai ascoltare più chiaramente i tuoi pensieri e sentimenti.

Rifletti sull'esperienza: Come ti sei sentita liberandoti dai dispositivi elettronici per un giorno? Quali effetti ha avuto questa pausa digitale sul tuo benessere?

........................................................................................................

........................................................................................................

........................................................................................................

........................................................................................................

........................................................................................................

........................................................................................................

........................................................................................................

........................................................................................................

........................................................................................................

........................................................................................................

"Ogni respiro è un nuovo inizio. Ricordalo, ogni volta che inspiri, hai l'opportunità di riempirti di speranza e, con ogni espirazione, di lasciar andare ciò che pesa sul tuo cuore. Prenditi questo momento per te, per nutrire il tuo corpo con movimento e la tua anima con pensieri gentili. Tu meriti cura e attenzione tanto quanto chiunque altro. Inizia con un piccolo passo, un respiro alla volta, e guarda come può fiorire il tuo mondo interiore."

"Non essere amati è una semplice sfortuna, la vera disgrazia è non amare." - Albert Camus

Rilassati con una tazza di tè o una tisana mentre colori questa pagina. Lascia che i colori si mescolino come le delicate fragranze che emergono dalla tua tazza, portando calma e tranquillità alla tua mente mentre ti immergi in questa dolce attività.

"Cura te stessa come cureresti il tuo giardino più prezioso. In questo giardino, tu sei sia la terra che i fiori. Ogni gesto di cura, ogni momento di attenzione che dedichi a te stessa, è come l'acqua che nutre, il sole che illumina. Non trascurare nessuna parte di te, né il corpo né lo spirito. Coltiva la tua resilienza come faresti con i fiori più belli, permettendo loro di sbocciare in tutta la loro magnificenza. Tu hai il potere di far fiorire la tua vita, un atto di amore alla volta."

"Preferirei amare un milione di volte e avere il cuore spezzato ogni volta, piuttosto che tenere un cuore permanentemente vuoto, per sempre." – H.C. Paye

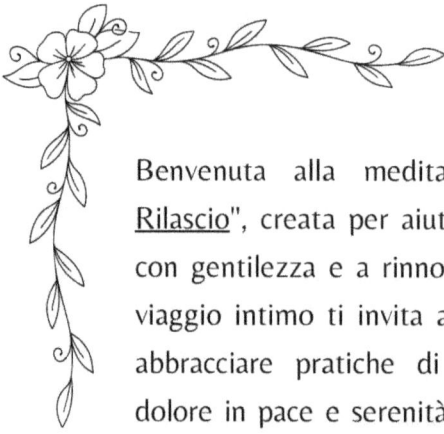

Benvenuta alla meditazione guidata "Il Giardino del Rilascio", creata per aiutarti a navigare attraverso il dolore con gentilezza e a rinnovare l'amore per te stessa. Questo viaggio intimo ti invita a rilasciare emozioni dolorose e ad abbracciare pratiche di cura personale, trasformando il dolore in pace e serenità. Approcciala con un cuore aperto, pronta a esplorare e curare il tuo spazio interiore.

❀ — ❀ — ❀ — ❀ — ❀

1. Trova un luogo tranquillo dove non sarai disturbata. Siediti o sdraiati in una posizione comoda. Chiudi gli occhi e fai alcuni respiri profondi per centrarti e prepararti a entrare in uno spazio di meditazione.

2. Immagina di trovarti all'ingresso di un bellissimo giardino. Questo giardino rappresenta un rifugio sicuro dove puoi esplorare i tuoi sentimenti con gentilezza e amore. Nota i colori vivaci dei fiori, il verde lussureggiante dell'erba e degli alberi, e senti una sensazione di pace che ti avvolge.

3. Inizia a camminare lentamente nel tuo giardino, osservando i dettagli intorno a te. Con ogni passo, sentiti più radicata e connessa con questo spazio. Lascia che la bellezza del giardino ti riempia di serenità.

4. Mentre cammini, nota che nel giardino ci sono fiori unici che simboleggiano le diverse sfaccettature del tuo dolore. Avvicinati a uno di questi fiori. Osservalo attentamente e riconosci il dolore che rappresenta.

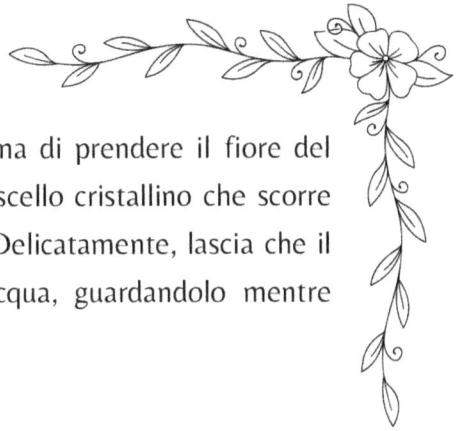

5. Quando ti senti pronta, immagina di prendere il fiore del dolore e di camminare verso un ruscello cristallino che scorre dolcemente attraverso il giardino. Delicatamente, lascia che il fiore scivoli dalle tue mani nell'acqua, guardandolo mentre viene portato via dalla corrente.

6. Osserva l'acqua che scorre, limpida e purificatrice. Immagina che con ogni fiore che rilasci nel ruscello, una parte del tuo dolore viene lavata via, lasciandoti più leggera e in pace.

7. Mentre continui il tuo cammino nel giardino, rifletti su azioni di cura personale che potresti intraprendere per nutrire il tuo benessere. Queste potrebbero essere attività come leggere un libro, fare un bagno rilassante, praticare yoga, o qualsiasi cosa ti faccia sentire curata e apprezzata.

8. Piano piano, inizia a riportare la tua attenzione al qui e ora. Sentiti radicata e rinvigorita dalla tua esperienza nel giardino del rilascio. Fai alcuni respiri profondi, sentendo con ogni espirazione una maggiore leggerezza e pace.

9. Quando sei pronta, muovi dolcemente le dita delle mani e dei piedi, riportando la consapevolezza al tuo corpo. Apri gli occhi lentamente, portando con te la sensazione di rinnovamento e cura per te stessa nel resto della tua giornata.

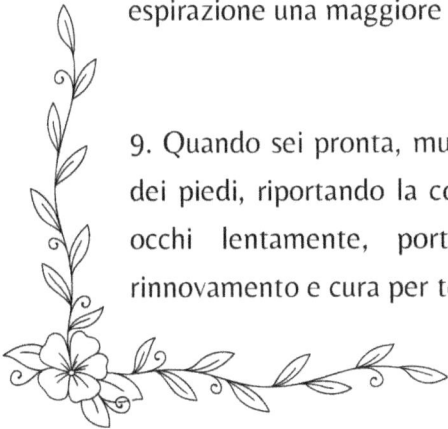

"Considera la routine come tua alleata, non come nemica. Troppo spesso, la quotidianità può sembrare una prigione, ma c'è bellezza e forza nella ripetizione. Sia che si tratti di una camminata mattutina, di un momento di meditazione, o di nutrire il corpo con il piatto che ami, ogni azione diventa un passo verso il benessere. Questi atti quotidiani di amor proprio costruiscono le fondamenta su cui puoi ergerti più forte, più resiliente e piena di speranza."

Esplora il mondo del make-up mentre dai vita a questa pagina con i tuoi colori preferiti. Immagina di creare nuove sfumature e stili, proprio come ti prendi cura di te stessa ogni giorno.

Dedica un momento per riflettere sul tuo corpo e sulla tua salute, concentrandoti sull'apprezzamento e la gratitudine. Rispondi alle seguenti domande ed esplora il tuo rapporto con il tuo corpo.

Pensa a un aspetto del tuo corpo per cui sei particolarmente grata oggi. Può essere qualcosa che ti permette di fare, un senso che apprezzi particolarmente, o una parte del tuo corpo che ti fa sentire forte e capace.

........................................................................................................................................

........................................................................................................................................

........................................................................................................................................

........................................................................................................................................

........................................................................................................................................

........................................................................................................................................

Ricorda un momento recente in cui hai preso particolarmente cura del tuo corpo, che sia stato nutrirlo con cibo sano, muoverti per mantenerlo attivo, o concederti un trattamento rilassante. Come ti sei sentita durante e dopo questo momento? Che impatto ha avuto sulla tua percezione di te stessa e sul tuo benessere generale?

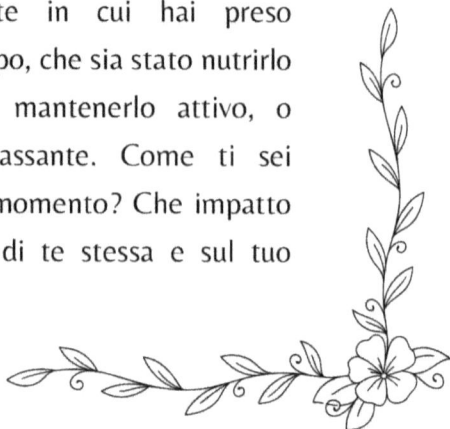

........................................

........................................

........................................

........................................

........................................

........................................

........................................

Se potessi dire qualcosa al tuo corpo, cosa sarebbe? Potrebbe essere un messaggio di gratitudine, un impegno a prendertene cura meglio, o un riconoscimento delle sfide che avete superato insieme. Scrivi questo messaggio come se stessi scrivendo ad una cara amica.

........................................

........................................

........................................

........................................

........................................

........................................

........................................

La più grande vittoria
è sapersi allontanare,
scegliendo
di non rimanere invischiata
in drammi e negatività
che ti svuotano.

"Non sottovalutare i piccoli gesti quotidiani. Ogni piccolo atto di gentilezza verso te stessa può trasformarsi in gioia. Gustare la tua bevanda preferita in tranquillità, avvolgerti in una coperta morbida, o concederti cinque minuti di sole sono momenti di pace che nutrono l'anima. Riconosci e accogli questi frammenti di serenità; lascia che illuminino la tua giornata e ti ricordino che la felicità si trova spesso nelle cose più semplici. Coltiva questi attimi, poiché sono i mattoni della tua forza interiore."

Preparare un pasto per te stessa è un atto di gentilezza e amore. Elenca qui sotto i tuoi tre piatti preferiti, poi scegline uno e cucinalo con attenzione, curando ogni passaggio.

**1** ..................................................................................................................

**2** ..................................................................................................................

**3** ..................................................................................................................

Dopo aver preparato il tuo pasto, rifletti sul processo e sul risultato. Cosa hai provato mentre cucinavi? Quali sensazioni hai sperimentato mentre assaggiavi il piatto che hai preparato? Scrivi le tue riflessioni qui sotto.

..................................................................................................................

..................................................................................................................

..................................................................................................................

..................................................................................................................

..................................................................................................................

..................................................................................................................

..................................................................................................................

..................................................................................................................

..................................................................................................................

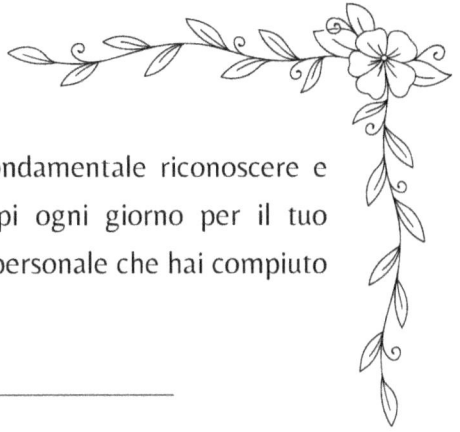

In questa fase della tua vita, è fondamentale riconoscere e celebrare i piccoli gesti che compi ogni giorno per il tuo benessere. Pensa a un atto di cura personale che hai compiuto di recente per te stessa.

Usa lo spazio seguente per annotare un tuo atto di self-care recente e le tue riflessioni su come ti ha fatto sentire.

.................................................................................................................

.................................................................................................................

.................................................................................................................

.................................................................................................................

.................................................................................................................

Pensa a un piccolo impegno di cura personale che vorresti prendere con te stessa per la prossima settimana. Qualcosa di fattibile che senti possa arricchire il tuo benessere interiore.

.................................................................................................................

.................................................................................................................

.................................................................................................................

.................................................................................................................

.................................................................................................................

43

Il tuo valore
non dipende da nessuno.
Chi non lo riconosce
non ti merita.
Resta fedele a te stessa
e circondati solo
di chi ti apprezza davvero.

"Dedicare tempo a te stessa non significa chiudersi agli altri, ma aprirsi a relazioni più autentiche e profonde. Quando sei piena di amore e comprensione verso te stessa, sei in grado di offrire lo stesso livello di attenzione e cura agli altri. Questo tempo dedicato a te non è un ritiro dalla vita sociale, ma un investimento nella tua capacità di essere presente, di ascoltare veramente e di connetterti su un piano più significativo con le persone che ami."

E' il momento di fare una pausa e riflettere su come ti senti ora. Qui sotto troverai una serie di emozioni che potresti aver sperimentato in questo periodo. Accanto a ogni emozione, ci sono dieci spazi da 1 a 10. Usa dei colori per riempire il numero di spazi che rappresenta quanto intensamente hai provato ciascuna emozione.

## Tristezza:

## Ansia:

## Rabbia:

## Confusione:

## Speranza:

## Entusiasmo:

## Felicità:

# III

## mi riscopro

Mai più
senza amore per me stessa.
Imparo a valorizzarmi
e riscopro la gioia
di essere sola
ma non solitaria.

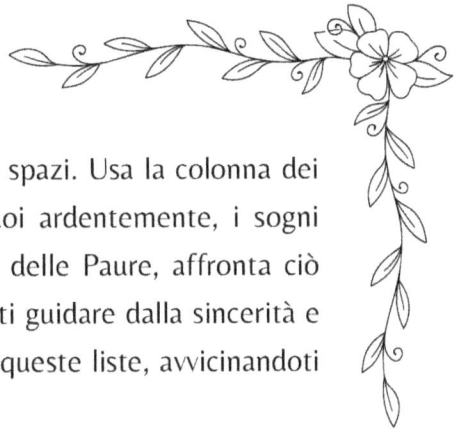

Nella pagina davanti a te, hai due spazi. Usa la colonna dei Desideri per annotare ciò che vuoi ardentemente, i sogni che vuoi inseguire. Nella colonna delle Paure, affronta ciò che ti preoccupa o ti frena. Lasciati guidare dalla sincerità e dall'introspezione mentre compili queste liste, avvicinandoti un passo alla tua vera essenza.

| Desideri | Paure |
| --- | --- |
| | |

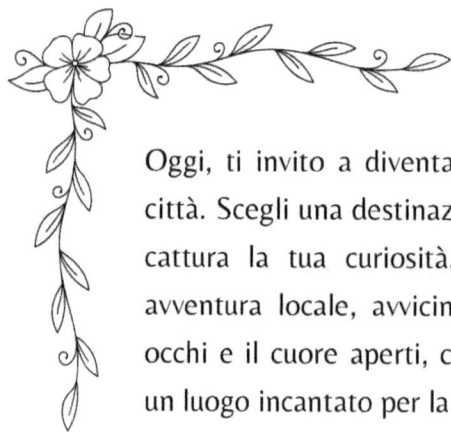

Oggi, ti invito a diventare un'esploratrice della tua stessa città. Scegli una destinazione vicina, mai visitata prima, che cattura la tua curiosità. Dedica il tuo giorno a questa avventura locale, avvicinandoti a ogni esperienza con gli occhi e il cuore aperti, come se fossi un turista scoprendo un luogo incantato per la prima volta.

Usa lo spazio qui sotto per annotare i tuoi pensieri, emozioni e scoperte fatte. Queste pagina diventerà un promemoria della bellezza che ti aspetta là fuori.

........................................................................................................

........................................................................................................

........................................................................................................

........................................................................................................

........................................................................................................

........................................................................................................

........................................................................................................

........................................................................................................

........................................................................................................

........................................................................................................

"Splendi, sei luce in mezzo al buio. Dentro di te brilla una luce unica, una scintilla che aspetta solo di illuminare il mondo intorno a te. A volte, le avversità sembrano oscurarla, ma la tua essenza è fatta di stelle che nessuno può spegnere. Ricordati: ogni momento di difficoltà è un'occasione per far risplendere ancora più forte la tua luce. Non smettere mai di cercarla, di nutrirla, di lasciarla guidare il tuo cammino. Splendi, perché il mondo ha bisogno della tua luce."

> Quando un amore finisce, uno dei due soffre. Se non soffre nessuno, non è mai iniziato. Se soffrono entrambi, non è mai finito.
> - Marilyn Monroe

Colora un faro che irradia luce in una notte tranquilla, simboleggiando la guida e l'ispirazione nel tuo percorso di crescita personale. Mentre dai vita al faro, rifletti sulla tua capacità di trovare direzione e speranza anche nei momenti più bui.

"Molti ti daranno consigli, cercando di insegnarti come vivere la tua vita, ma solo tu conosci veramente il tuo cuore. Ogni passo che fai nel riscoprire te stessa è come esplorare un nuovo sentiero. Fidati delle tue intuizioni, abbraccia le tue passioni e lascia che ogni scelta sia un atto di amore verso te stessa. Tu hai il potere di scrivere la tua storia, un capitolo alla volta, vivendo con autenticità e coraggio."

La scoperta più grande
che puoi fare
è scoprire te stessa.
Finché non ti conosci veramente,
rischi di vivere
all'ombra degli altri.
Sii te stessa,
è questo il primo passo
per andare avanti.

La <u>Meditazione del Fiume</u> è un viaggio simbolico che rappresenta il tuo percorso di vita, in continuo di cambiamento e crescita. Questa meditazione ti invita a riflettere sulle esperienze passate, a rilasciare ciò che non serve più e ad accogliere le nuove possibilità che si presentano. Lasciati guidare dalla corrente, scoprendo la forza e la saggezza che risiedono nel fluire della tua esistenza.

1. Trova un luogo tranquillo dove sederti o sdraiarti comodamente. Chiudi gli occhi e prendi alcuni respiri profondi per centrarti.

2. Immagina di trovarti su una riva, davanti a un fiume che scorre. Osserva l'acqua che si muove senza sforzo, superando ostacoli, curvando, allargandosi e restringendosi.

3. Visualizzati mentre entri delicatamente nel fiume. Senti l'acqua che ti circonda, fresca e vivificante.

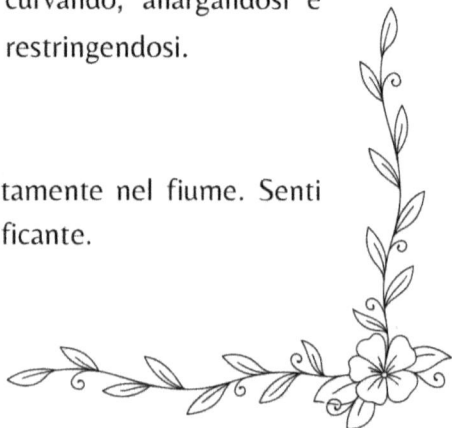

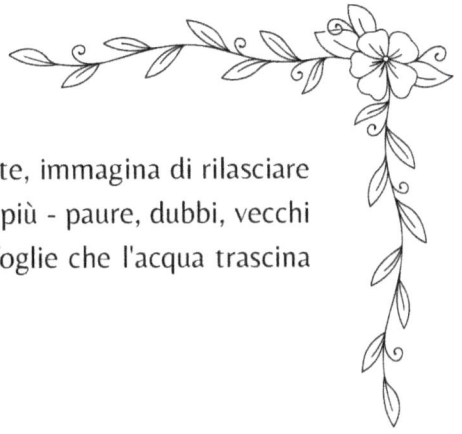

4. Mentre ti lasci andare alla corrente, immagina di rilasciare nell'acqua tutto ciò che non ti serve più - paure, dubbi, vecchi dolori. Vedi questi elementi come foglie che l'acqua trascina via.

5. Mentre continui a fluire con il fiume, rifletti sulle diverse esperienze della tua vita. Accetta ogni momento come parte del tuo percorso, contribuendo alla persona che sei oggi.

6. Pensa alle volte in cui hai superato ostacoli, come il fiume supera le rocce. Riconosci la tua resilienza e forza interiore.

7. Ora che hai rilasciato il passato, apri il tuo cuore e la tua mente alle nuove possibilità. Come il fiume che incontra nuovi percorsi, anche tu sei aperto a nuove direzioni e opportunità.

8. Immagina di uscire dall'acqua, sentendoti rinnovato e leggero. Ogni goccia che stilla da te porta via residui del passato, lasciandoti pulito e rinfrescato.

9. Prendi tre respiri profondi, riportando la tua consapevolezza al presente. Quando ti senti pronto, apri gli occhi.

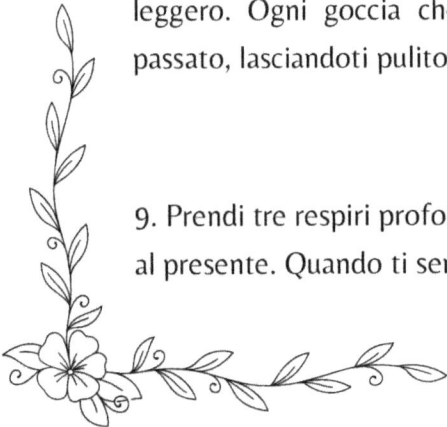

"Rompi i vecchi schemi: scopri e abbandona quei pensieri e comportamenti che non alimentano più il tuo benessere e la tua crescita. Questo è il momento di liberarti dalle catene del passato e aprire la strada verso nuove abitudini che costruiranno il futuro felice che meriti. Ogni passo fuori dalle vecchie abitudini è un passo coraggioso verso una versione più autentica di te stessa."

Non nascondere più chi sei
per paura del giudizio.
Facendo così
pensi di proteggerti,
ma in realtà ti stai limitando.
Abbraccia il tuo vero io, ora

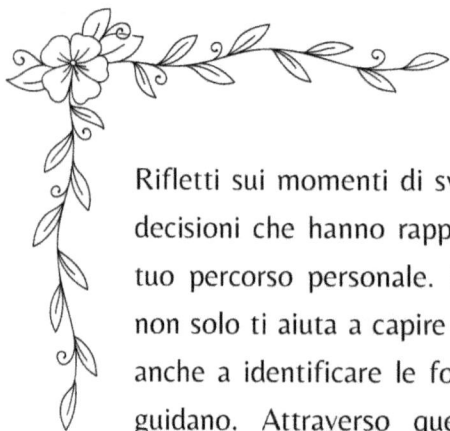

Rifletti sui momenti di svolta della tua vita, quegli eventi o decisioni che hanno rappresentato un prima e un dopo nel tuo percorso personale. Riconoscerli e riflettere su di essi non solo ti aiuta a capire come sei arrivato dove sei ora, ma anche a identificare le forze interne e le convinzioni che ti guidano. Attraverso queste domande, esplorerai la tua resilienza, la tua capacità di adattamento e come ogni esperienza ha plasmato la persona che sei oggi.

Qual è stato un momento di svolta decisivo nella tua vita e come ha cambiato la tua percezione di te stessa? Considera un'esperienza che ha segnato una trasformazione significativa nel tuo modo di vedere te stesso, i tuoi valori o il tuo posto nel mondo.

................................................................................

................................................................................

................................................................................

................................................................................

................................................................................

................................................................................

................................................................................

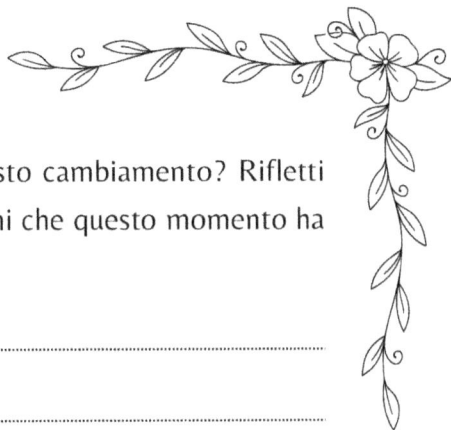

Come hai reagito di fronte a questo cambiamento? Rifletti sulle emozioni, i pensieri e le azioni che questo momento ha suscitato in te.

........................................................................................................

........................................................................................................

........................................................................................................

........................................................................................................

........................................................................................................

........................................................................................................

Cosa hai imparato su di te attraverso questo momento di svolta? Ogni esperienza, soprattutto quelle che ci mettono alla prova, ha qualcosa da insegnarci.

........................................................................................................

........................................................................................................

........................................................................................................

........................................................................................................

........................................................................................................

........................................................................................................

........................................................................................................

L'unico viaggio
veramente essenziale
è quello dentro te stessa.
Conoscendoti,
guadagni forza;
accettandoti,
diventi invincibile.

"La resilienza è il tuo superpotere. Dietro ogni sfida che incontri c'è l'opportunità di dimostrare quanto sei forte, di piegare ma non spezzarti. La tua capacità di risollevarti, di adattarti e di andare avanti, anche quando il cammino si fa difficile, è la prova del tuo spirito che non si arrende. La resilienza non è solo sopravvivere; è fiorire nel bel mezzo delle tempeste. Abbraccia questo tuo superpotere, perché è ciò che ti trasforma nell'eroe della tua storia."

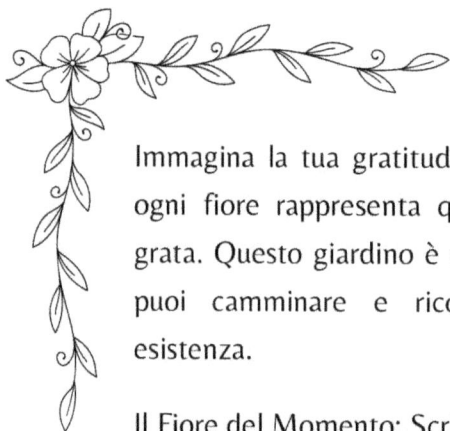

Immagina la tua gratitudine come un giardino fiorito, dove ogni fiore rappresenta qualcosa nella tua vita per cui sei grata. Questo giardino è unico per te, un luogo sereno dove puoi camminare e ricordarti delle bellezze della tua esistenza.

Il Fiore del Momento: Scrivi di un momento recente che ti ha portato gioia o soddisfazione.

......................................................................................................................

......................................................................................................................

......................................................................................................................

......................................................................................................................

Il Fiore delle Persone: Nomina una o più persone nella tua vita per cui sei particolarmente grata e perché.

......................................................................................................................

......................................................................................................................

......................................................................................................................

......................................................................................................................

Il Fiore delle Cose Semplici: Identifica un piacere semplice o quotidiano che ti porta felicità e gratitudine.

......................................................................................................................

......................................................................................................................

......................................................................................................................

......................................................................................................................

Qui sotto c'è il disegno di una magnifica vetrata. Dietro il vetro, una scena naturale attende di essere rivelata. Ma, proprio come il viaggio alla scoperta di te stessa, i dettagli sono nascosti finché non decidi di esplorarli con i colori.

Alcune persone non meritano il nostro sorriso, figuriamoci le nostre lacrime.
- Charles Bukowski

"Ogni giorno è una tela bianca. Immagina di averne davanti a te una ogni mattina; sei tu l'artista che decide quali colori e forme darle. La vita non è un insieme di giorni che ci accadono passivamente, ma una serie di opere d'arte create con intenzione. Scegli consapevolmente come riempire questa tela, quale storia vuoi che racconti. Vivi con intenzione, perché ogni giorno è un'opportunità per dipingere la vita che desideri."

E' il momento di fare una pausa e riflettere su come ti senti ora. Come sempre, qui trovi una serie di emozioni che potresti aver sperimentato in questo periodo. Accanto a ogni emozione, ci sono dieci spazi da 1 a 10. Usa dei colori per riempire il numero di spazi che rappresenta quanto intensamente hai provato ciascuna emozione.

Tristezza:

Ansia:

Rabbia:

Confusione:

Speranza:

Entusiasmo:

Felicità:

# IV

## io sogno

Anche nel buio,
osa sognare.
Il cielo oltre le nuvole aspetta.
Vola alto,
senza limiti.

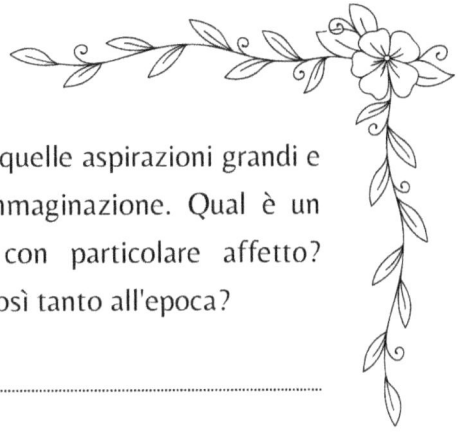

Ripensa ai tuoi sogni da piccola, a quelle aspirazioni grandi e piccole che coloravano la tua immaginazione. Qual è un sogno dell'infanzia che ricordi con particolare affetto? Perché pensi che ti abbia colpito così tanto all'epoca?

........................................................................................................

........................................................................................................

........................................................................................................

........................................................................................................

Guardando indietro, c'è qualche sogno che ti sorprende per la sua trasformazione? Cosa credi che abbia fatto cambiare la tua visione verso quel sogno?

........................................................................................................

........................................................................................................

........................................................................................................

........................................................................................................

C'è un desiderio o una passione che è rimasta costante nel tempo? Cosa ti dice questo su di te?

........................................................................................................

........................................................................................................

........................................................................................................

........................................................................................................

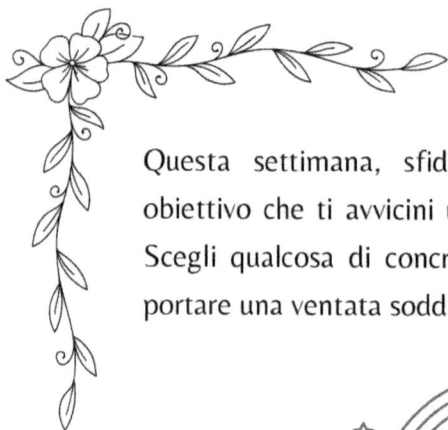

Questa settimana, sfidati a stabilire e perseguire un obiettivo che ti avvicini un passo in più verso i tuoi sogni. Scegli qualcosa di concreto e misurabile, che senti possa portare una ventata soddisfazione nella tua vita.

Scrivi qui sotto l'obiettivo che intendi raggiungere questa settimana. Sii specifica e realistica, considerando il tempo e le risorse che hai a disposizione.

.................................................................................................

.................................................................................................

.................................................................................................

.................................................................................................

.................................................................................................

.................................................................................................

.................................................................................................

.................................................................................................

Ogni giorno, alla sera, rifletti su come hai lavorato per avvicinarti al tuo obiettivo. Hai compiuto l'azione che ti eri proposta? Che voto dai al tuo impegno e progresso giornaliero?

### Giorno 1

### Giorno 2

### Giorno 3

### Giorno 4

### Giorno 5

### Giorno 6

### Giorno 7

"Trasforma le sfide in trampolini. Ogni ostacolo che incontri non è un muro che ti ferma, ma una rampa di lancio che ti proietta verso nuove altezze. Vedi ogni difficoltà come un'opportunità per imparare, crescere e superare te stessa. La resilienza non nasce dalle vittorie facili, ma dal coraggio di affrontare e superare le prove. Lascia che ogni esperienza difficile aumenti la tua saggezza e la tua determinazione. Ricorda, la forza che hai dentro è più grande di qualsiasi sfida esterna."

"Non perdere mai la speranza nell'inseguire i tuoi sogni,
perché c'è un'unica creatura che può fermarti,
e quella creatura sei tu.
Non smettere mai di credere in te stessa
e nei tuoi sogni.
Non smettere mai di cercare,
tu realizzerai sempre ogni cosa ti metterai in testa."

("Ali sull'oceano", Peter O'Connor)

Nel momento in cui noi cominciano a cercare l'amore, l'amore comincia a cercare noi.
- Paulo Coelho

Non lasciarti frenare
dalle paure della tua mente,
ma lascia che siano
i sogni del tuo cuore a guidarti.
Il tuo tempo è prezioso,
non sprecarlo vivendo
la vita di qualcun altro.

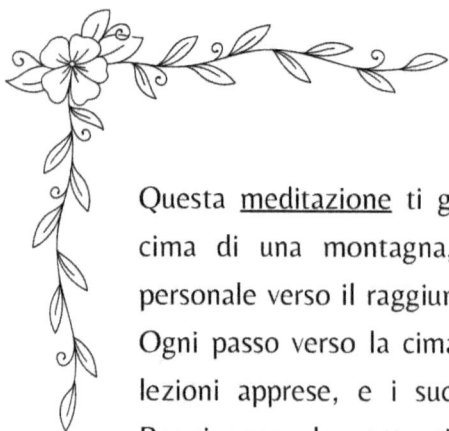

Questa <u>meditazione</u> ti guida in un viaggio simbolico sulla cima di una montagna, rappresentando il tuo percorso personale verso il raggiungimento dei tuoi obiettivi e sogni. Ogni passo verso la cima simboleggia le sfide superate, le lezioni apprese, e i successi ottenuti lungo il cammino. Raggiungere la vetta ti offre una vista panoramica sui traguardi già raggiunti e quelli che ancora desideri conseguire, ricordandoti che ogni sforzo contribuisce al tuo sviluppo e alla tua crescita.

1. Trova un luogo tranquillo dove sederti o sdraiarti comodamente. Chiudi gli occhi e inizia a prendere respiri profondi e lenti per centrare la tua attenzione.

2. Immagina di avere radici che si estendono dai tuoi piedi fino al cuore della terra, ancorandoti. Stabilisci un'intenzione per la tua meditazione, focalizzandoti sui tuoi obiettivi.

3. Visualizza il sentiero che conduce alla montagna dei tuoi successi. Ogni passo è un avanzamento nel tuo viaggio personale. Sentiti motivato e carico di speranza.

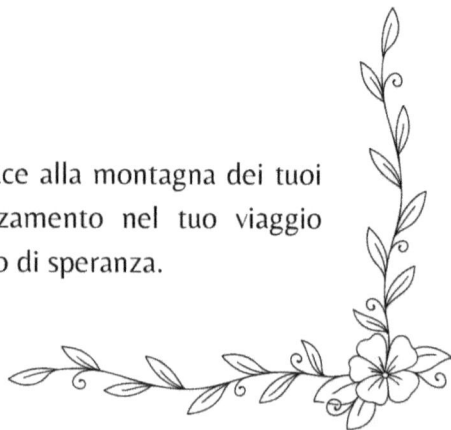

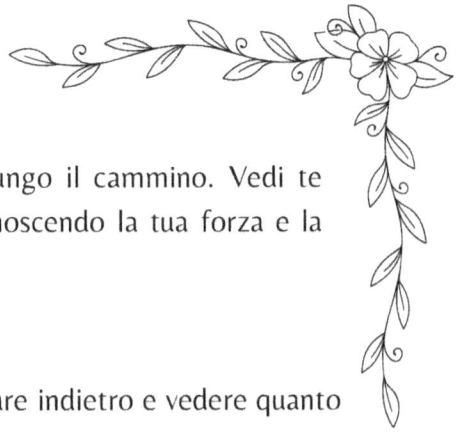

4. Mentre sali, incontri ostacoli lungo il cammino. Vedi te stesso superarli uno per uno, riconoscendo la tua forza e la tua determinazione.

5. Fermati un momento per guardare indietro e vedere quanto hai già scalato. Ogni tappa raggiunta è un successo che merita di essere celebrato.

6. Una volta in cima, guarda il panorama che si estende davanti a te. Questa vista rappresenta tutti i tuoi sogni e obiettivi futuri. Sentiti pieno di gratitudine per il cammino percorso.

7. Rifletti sui traguardi che desideri ancora raggiungere. Immagina di lanciare semi dal vertice della montagna verso questi futuri successi.

8. Inizia il cammino di ritorno, portando con te la consapevolezza e la forza acquisite. Con ogni passo, senti una rinnovata fiducia nelle tue capacità.

9. Quando sei pronto, riporta lentamente la tua attenzione al presente. Muovi dolcemente le dita di mani e piedi e, quando ti senti pronto, apri gli occhi.

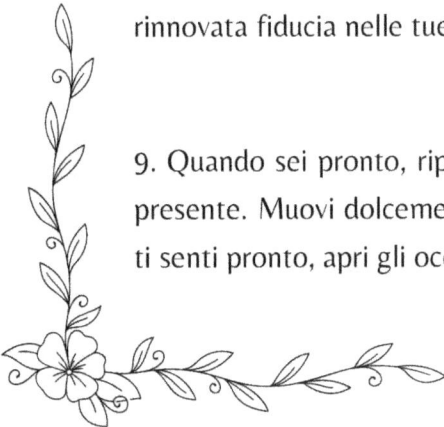

"Accendi la scintilla che arde dentro di te. È quella passione nascosta, quel desiderio ardente, a guidarti verso la realizzazione dei tuoi sogni. Anche nei giorni in cui la fiamma sembra vacillare, ricorda che hai il potere di ravvivarla con azioni piccole ma significative. Esplora ciò che fa battere forte il tuo cuore, ciò che ti fa alzare al mattino con un sorriso. Lascia che quella scintilla diventi un fuoco che illumina il tuo cammino e riscalda chi ti sta accanto. La tua passione è il tuo dono più grande; custodiscila, alimentala, e lascia che ti conduca verso orizzonti straordinari."

Questa tavolozza con i suoi colori rappresenta la diversità delle esperienze, emozioni e momenti che compongono la tua vita. Ogni colore ha una storia da raccontare, un ricordo da evocare, una speranza da esprimere. Mentre colori, pensa a come ogni tonalità possa simboleggiare un aspetto diverso del tuo viaggio.

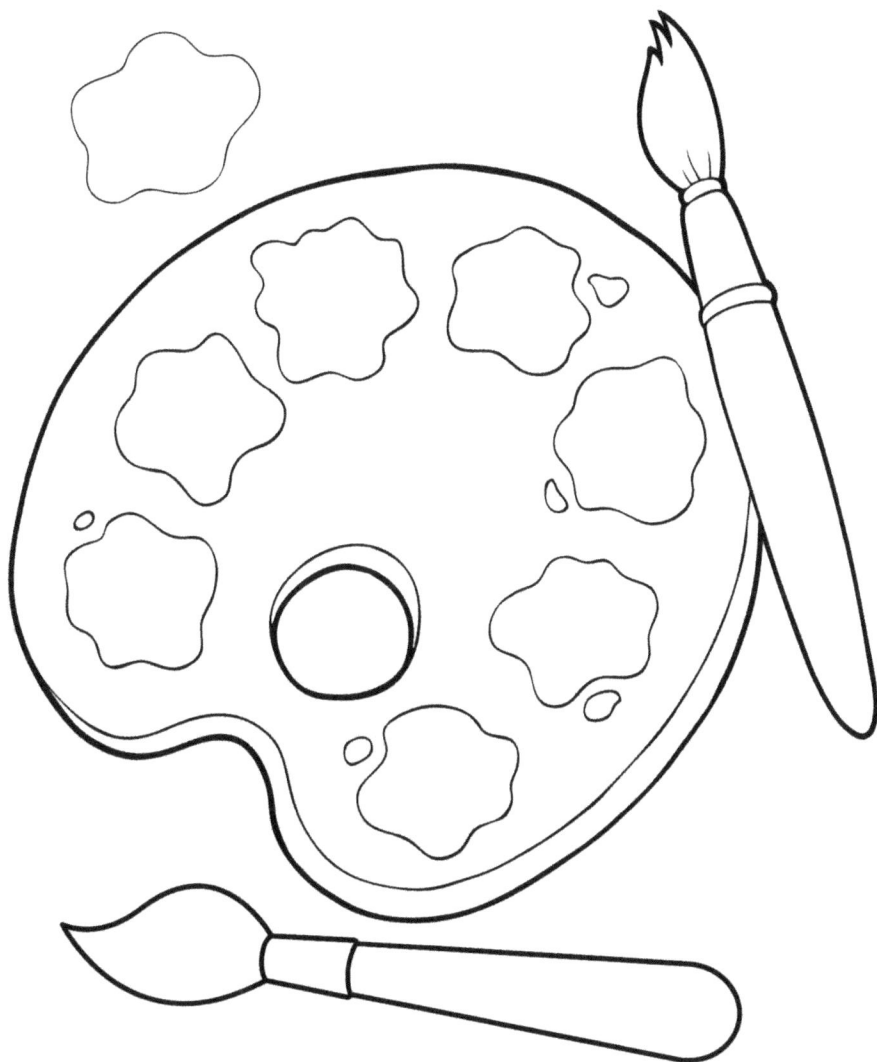

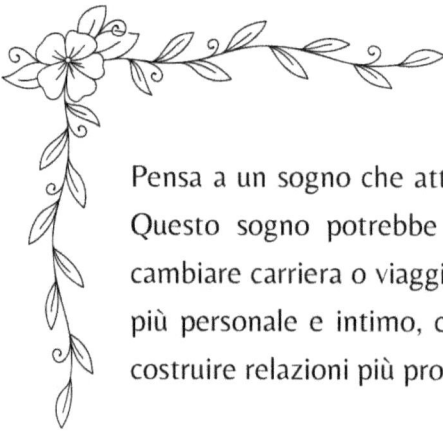

Pensa a un sogno che attualmente ti sembra irraggiungibile. Questo sogno potrebbe essere qualcosa di grande, come cambiare carriera o viaggiare intorno al mondo, o qualcosa di più personale e intimo, come imparare qualcosa di nuovo o costruire relazioni più profonde.

Qual è esattamente il sogno che ritieni fuori dalla tua portata in questo momento? Descrivilo nel dettaglio.

.......................................................................................................................................

.......................................................................................................................................

.......................................................................................................................................

.......................................................................................................................................

.......................................................................................................................................

.......................................................................................................................................

.......................................................................................................................................

Quali barriere vedi tra te e questo sogno? Sono principalmente esterne (come risorse finanziarie o tempo) o interne (come paure o incertezze)?

........................................................................................

........................................................................................

........................................................................................

........................................................................................

........................................................................................

........................................................................................

Considera se ci sono piccoli passi che potresti iniziare a compiere ora per avvicinarti a questo sogno. Quali azioni concrete potresti già intraprendere?

........................................................................................

........................................................................................

........................................................................................

........................................................................................

........................................................................................

........................................................................................

Abbandona
ciò che credi certo.
Il contrario non è l'incertezza.
È l'apertura,
la curiosità
e la volontà
di andare incontro al futuro.

"Costruisci ponti verso i tuoi sogni. Non temere di fare il primo passo, anche quando la destinazione sembra lontana. Ricorda, i ponti più solidi si costruiscono un passo alla volta, con pazienza e perseveranza. Ascolta il tuo cuore e segui la direzione che ti suggerisce, perché è lì che i tuoi sogni iniziano a prendere forma. Abbi fiducia in te stessa, goditi il percorso, e cammina con fiducia sul ponte che hai costruito verso il futuro che meriti."

Immagina di poter inviare un messaggio attraverso il tempo a te stessa nel futuro. Oggi hai questa possibilità. Prendi carta e penna e scrivi una lettera alla "tu" di cinque anni avanti. Raccontale dei tuoi sogni, delle speranze e degli obiettivi che desideri aver raggiunto. Questa è una conversazione intima tra te e la versione futura di te stessa, un modo per connettere il presente con il futuro che desideri creare.

Dopo aver sigillato la lettera, prendi un momento per riflettere sull'esperienza di scrivere a te stessa nel futuro. Come ti senti pensando ai tuoi sogni e alle tue speranze? C'è qualcosa che ti sorprende di ciò che hai scritto?

........................................................................................................

........................................................................................................

........................................................................................................

........................................................................................................

........................................................................................................

........................................................................................................

........................................................................................................

........................................................................................................

Qui sotto c'è una bottiglia piena di stelle scintillanti. Queste stelle simboleggiano le aspirazioni, i desideri e le speranze che illuminano il tuo cammino, guidandoti attraverso la notte più buia. Mentre colori ogni stella, rifletti sulla luminosità e sul calore che ogni sogno porta nella tua vita.

Tra dieci anni
sarai più delusa
dalle cose che non hai fatto
che da quelle che hai fatto.
Quindi, abbandona la tua zona di comfort.
Esplora. Sogna. Scopri.

"Osa sognare senza limiti. La grandezza dei tuoi sogni determina l'ampiezza del tuo futuro. Non costringere i tuoi desideri in una scatola per paura di fallire o per il giudizio altrui. Sognare in grande è il primo passo verso la realizzazione di una vita straordinaria. Permetti a te stessa di immaginare il massimo, di aspirare all'incredibile. In ogni sogno audace, c'è una promessa di avventura, di scoperta e di successo. Vai oltre i tuoi confini, perché è lì che inizia la magia."

Come ormai saprai, è il momento di fare una pausa e riflettere su come ti senti ora. Qui trovi una serie di emozioni che potresti aver sperimentato in questo periodo. Accanto a ogni emozione, ci sono dieci spazi da 1 a 10. Usa dei colori per riempire il numero di spazi che rappresenta quanto intensamente hai provato ciascuna emozione.

Tristezza:

Ansia:

Rabbia:

Confusione:

Speranza:

Entusiasmo:

Felicità:

# V

## il mio nuovo inizio

"
Ho il potere di iniziare
un nuovo capitolo della mia vita.
Ricomincio da me, la mia storia è
ancora tutta da scrivere.
"

"Inizia oggi, con un piccolo passo. Ogni grande cambiamento nella vita comincia con una decisione semplice, un gesto che può sembrare piccolo o insignificante, ma che è in realtà il seme di qualcosa di grandioso. Mentre chiudi un capitolo e ne apri un altro, ricorda che il potere di trasformare il tuo futuro è già nelle tue mani, proprio in questo momento. Non aspettare il momento perfetto; prendi quello che hai e fai il primo passo."

Mentre ti appresti a intraprendere questo nuovo capitolo della tua vita, prenditi un momento per riflettere con gratitudine sul percorso che ti ha portata qui.

Quali tre esperienze degli ultimi anni ti hanno insegnato le lezioni più preziose? Cerca di pensare non solo alle vittorie, ma anche agli ostacoli che hai superato.

......................................................................................................................................

......................................................................................................................................

......................................................................................................................................

......................................................................................................................................

......................................................................................................................................

......................................................................................................................................

......................................................................................................................................

Ogni fine
è solo l'inizio
di un nuovo cammino.
Non è mai troppo tardi
per realizzare
ciò che siamo destinati
a diventare.

> Tutto comincia in un attimo, in un giorno qualunque della vita, quando meno te lo aspetti.
> - Romano Battaglia

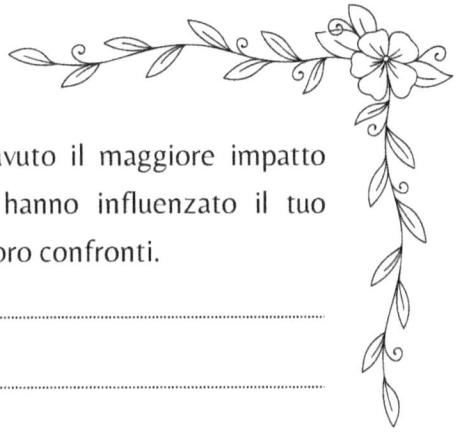

Chi sono le persone che hanno avuto il maggiore impatto sulla tua vita? Rifletti su come hanno influenzato il tuo viaggio e perché ti senti grata nei loro confronti.

..............................................................................................................

..............................................................................................................

..............................................................................................................

..............................................................................................................

..............................................................................................................

..............................................................................................................

..............................................................................................................

Quali aspetti di te stessa scoperti di recente apprezzi di più? Considera le qualità, i talenti o le passioni che hai riscoperto o coltivato.

..............................................................................................................

..............................................................................................................

..............................................................................................................

..............................................................................................................

..............................................................................................................

..............................................................................................................

..............................................................................................................

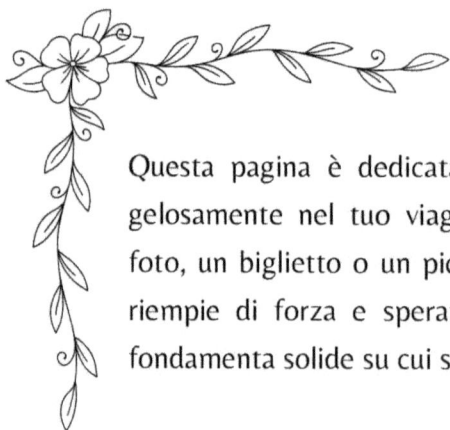

Questa pagina è dedicata a un ricordo che vuoi custodire gelosamente nel tuo viaggio verso nuovi inizi. Che sia una foto, un biglietto o un piccolo cimelio, scegli qualcosa che ti riempie di forza e speranza. Questo tesoro rappresenta le fondamenta solide su cui stai edificando il tuo futuro.

attacca qui
il tuo ricordo

"Ogni giorno è una pagina bianca. Oggi hai l'opportunità unica di iniziare un nuovo capitolo nella grande storia della tua vita. Questo non è solo un momento di riflessione, ma anche di azione. Chiediti: quale storia voglio scrivere? Con coraggio, prendi la penna e lascia che il tuo cuore guidi ogni parola, ogni decisione. Non temere di disegnare sogni audaci o di tracciare percorsi mai esplorati prima. Abbraccia la bellezza di iniziare da capo, con la saggezza di ieri e la speranza per domani."

Puoi ricominciare da capo,
in qualsiasi momento.
Fallimento
non è il cadere,
ma il rimanere a terra.

"L'unica gioia al mondo è cominciare.
E' bello vivere perché vivere è cominciare,
sempre, ad ogni istante."

("Il mestiere di vivere", Cesare Pavese)

"Ogni mattina porta con sé il dono di un nuovo inizio. La vita che stai costruendo ora poggia sulle fondamenta solide del tuo percorso di crescita. Guarda indietro solo per vedere quanto lontano sei arrivata, poi volgi lo sguardo avanti con la consapevolezza e la forza che hai guadagnato. La tua vita è un mosaico di esperienze, e ogni pezzo ha il suo posto, il suo significato nel quadro più grande. Costruisci su queste fondamenta nuove con fiducia, sapendo che ogni giorno è un'opportunità per plasmare la tua esistenza in modo che rispecchi chi sei veramente."

Una strada diretta verso l'orizzonte ti invita a esplorare il futuro che ti attende. Mentre colori, rifletti sui passi che hai già compiuto e su quelli che stai per intraprendere. Ogni curva della strada è un'opportunità per crescere, imparare e scoprire nuovi orizzonti.

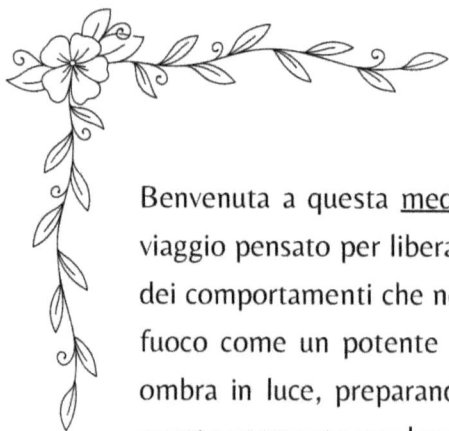

Benvenuta a questa <u>meditazione del fuoco rinnovatore</u>, un viaggio pensato per liberarti delle vecchie paure, dei dubbi e dei comportamenti che non ti servono più. Immagina questo fuoco come un potente alleato, pronto a trasformare ogni ombra in luce, preparandoti al tuo nuovo inizio. Concediti questo momento per lasciare andare il passato e abbracciare con entusiasmo il futuro che ti attende.

1. Scegli un posto dove non sarai disturbata. Puoi sederti o sdraiarti, purché tu sia comoda.

2. Chiudi gli occhi e inizia a respirare profondamente. Con ogni inspirazione, sentiti più calma; con ogni espirazione, rilascia le tensioni.

3. Immagina di trovarti in un luogo sicuro all'aperto, di notte, con un grande falò davanti a te. Senti il calore che irradia, illuminando la notte.

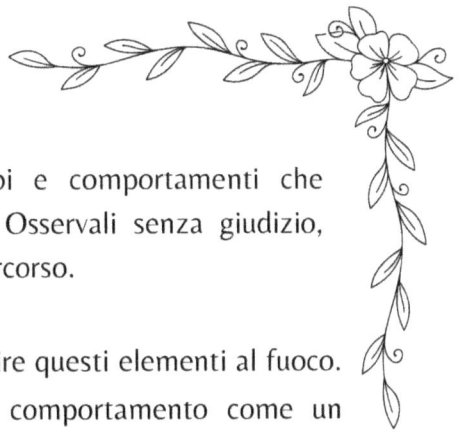

4. Pensa a vecchie paure, dubbi e comportamenti che desideri eliminare dalla tua vita. Osservali senza giudizio, accettandoli come parte del tuo percorso.

5. Uno alla volta, immagina di offrire questi elementi al fuoco. Visualizza ogni paura, dubbio e comportamento come un oggetto che getti nel fuoco, dove si trasforma in cenere.

6. Osserva come il fuoco consuma ciò che hai offerto, lasciandoti più leggera. Senti come se con ogni fiamma, ti stessi purificando, facendo spazio a nuove energie.

7. Ora, immagina che dalle ceneri inizi a vedere germogliare nuovi fiori, simboli di rinascita e nuovi inizi. Ogni fiore rappresenta una possibilità, un sogno, un obiettiv

8. Quando sei pronta, inizia a portare lentamente la tua attenzione al presente. Muovi dolcemente le dita delle mani e dei piedi, sentendo il contatto con il suolo.

9. Con un ultimo, profondo respiro, apri gli occhi. Porta con te la sensazione di rinnovamento e la fiducia in un luminoso inizio.

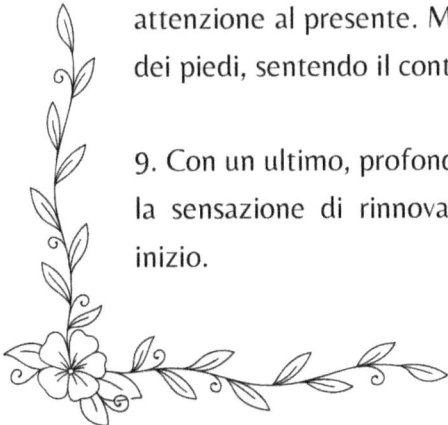

Ricorda che hai il controllo
sui tuoi pensieri e su come ti senti.
Scegli la felicità.
Scegli di sorridere
invece di arrabbiarti.
La scelta di essere felice è tutta TUA!

Attraversa la <u>Foresta delle Parole</u>, un luogo dove si intrecciano termini legati al passato e al futuro. Utilizza due colori diversi per evidenziare le parole: uno per quelle che rappresentano ciò che vuoi lasciare alle spalle e un altro per quelle che desideri portare con te nel tuo nuovo cammino.

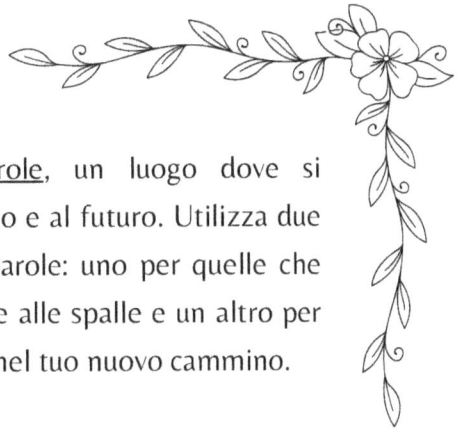

Coraggio   Pigrizia   Speranza

Dubbio   Sincerità

Paura   Crescita

Noia

Incertezza

Calma   Critica

Rabbia   Passione   Accettazione

Conflitto   Gelosia   Empatia

Generosità   Amore   Rimpianto

Egoismo

Odio   Gioia   Rifiuto

Entusiasmo   Creatività   Curiosità

Quando pensi
di non poter andare avanti,
ricorda che ogni passo che fai oggi
ti porta più vicino ai tuoi obiettivi.
Hai già fatto tanta strada,
continua e non mollare.
Il meglio deve ancora venire.

"La rinascita è la tua forza segreta. Con ogni esperienza, hai appreso, sei cresciuta e ora stai per spiccare il volo verso nuove avventure. Questo momento di rinnovamento non solo segna la fine di un vecchio capitolo, ma anche l'alba radiosa di un inizio fresco e promettente. Guarda avanti con occhi nuovi, permetti alla tua crescita personale di essere il vento che gonfia le vele del tuo viaggio. La tua storia fino a questo punto ti ha preparata esattamente per ciò che verrà. Abbraccia il cambiamento, perché è qui che la tua prossima grande avventura prende vita."

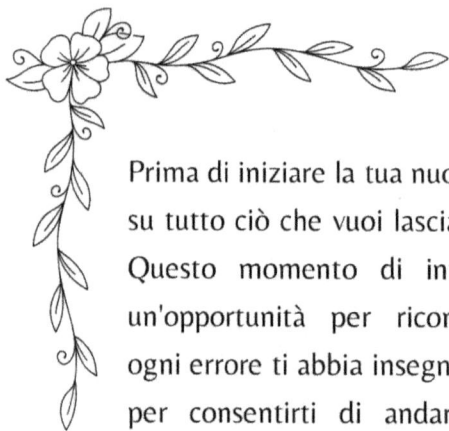

Prima di iniziare la tua nuova vita, rifletti su tutto ciò che vuoi lasciarti alle spalle. Questo momento di introspezione è un'opportunità per riconoscere come ogni errore ti abbia insegnato qualcosa e per consentirti di andare avanti con maggiore consapevolezza.

Quali sono stati i tre sbagli che più ti hanno insegnato?

..................................................................................................................

..................................................................................................................

..................................................................................................................

..................................................................................................................

Rifletti sulle relazioni che non vuoi più avere nel tuo futuro. Cosa hanno in comune queste persone e perché non hanno più posto nella tua vita?

..................................................................................................................

..................................................................................................................

..................................................................................................................

..................................................................................................................

..................................................................................................................

Le abitudini che cambio da oggi: quali sono che non ti servono più e che intendi modificare per il tuo bene?

.................................................................................................

.................................................................................................

.................................................................................................

.................................................................................................

.................................................................................................

.................................................................................................

.................................................................................................

Pensando al periodo di difficoltà che hai trascorso, qual è stata la lezione più importante che hai tratto? Come è cambiato il tuo modo di pensare o agire?

.................................................................................................

.................................................................................................

.................................................................................................

.................................................................................................

.................................................................................................

.................................................................................................

.................................................................................................

Ci sono persone
che hanno cercato di spegnere
la tua passione per la vita,
ma ora sei qui,
libera da loro.
Ora puoi brillare
come mai prima.

"Balla con passi leggeri e cuore aperto. La vita è un ritmo costante di opportunità e avventure, e ora è il momento di muoverti al suo suono con fiducia e gioia. Lascia che ogni passo verso il futuro sia un movimento di speranza, un'espressione della tua essenza più vera. Non temere l'incertezza; è la musica di sottofondo per i coraggiosi che osano sognare e agire. Con ogni giorno che passa, ricorda: il futuro non è solo un luogo verso cui vai, ma un viaggio che crei con la danza della tua vita. Quindi, alza il volume della tua musica e lasciati andare al ballo del tuo nuovo inizio."

Sei arrivata alla fine del percorso ed è ora di fare un bilancio. Qui trovi una serie di emozioni che potresti aver sperimentato in questo periodo. Accanto a ogni emozione, ci sono dieci spazi da 1 a 10. Usa dei colori per riempire il numero di spazi che rappresenta quanto intensamente hai provato ciascuna emozione.

Tristezza:

Ansia:

Rabbia:

Confusione:

Speranza:

Entusiasmo:

Felicità:

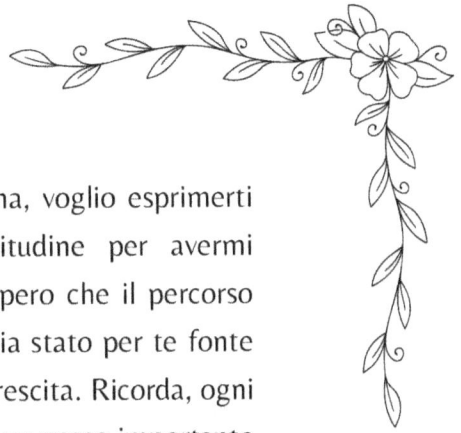

Arrivate a quest'ultima pagina, voglio esprimerti la mia più profonda gratitudine per avermi seguito in questo viaggio. Spero che il percorso che abbiamo fatto insieme sia stato per te fonte di ispirazione, riflessione e crescita. Ricorda, ogni pagina che hai girato è stata un passo importante nel tuo cammino di scoperta e rinascita personale.

Ti incoraggio a proseguire con coraggio e speranza, anche oltre questo libro. La strada davanti a te è ricca di infinite possibilità, e ogni giorno offre nuove opportunità per imparare, crescere e fiorire. Continua a nutrire i tuoi sogni e a valorizzare i tuoi progressi .

Che questo libro rimanga per te un amico fidato a cui tornare nei momenti di dubbio, un promemoria delle tue forze e delle tue capacità illimitate. Il viaggio verso la crescita personale non finisce mai veramente; si evolve, proprio come te.

Con affetto e ammirazione per il cammino che hai intrapreso e per quello che ancora verrà ...

Grazie!

Cara Lettrice,

se questo libro ti è piaciuto e ritieni che possa aiutare anche altre ragazze nel loro percorso di crescita personale, ti sarei grata se volessi dedicare alcuni minuti per lasciare una recensione su Amazon. Le tue parole non solo aiuteranno altre lettrici a scoprire "Ricomincio da Me", ma forniranno anche preziosi feedback per me.

Grazie ancora per la tua fiducia e il tuo tempo. Continua a perseguire i tuoi sogni con coraggio e cuore aperto. Ti auguro tutto il meglio per il tuo cammino verso la felicità.

Con gratitudine,

Linda Miller

www.ingramcontent.com/pod-product-compliance
Lightning Source LLC
Chambersburg PA
CBHW071012280326
41934CB00027B/3133